Soldatskaia azbuka

СОЛДАТСКАЯ

СОСТАВЛЕНА

ПО ПОРУЧЕНІЮ НАЧАЛЬНИКА ШТАБА МѢСТНЫХЪ ВОЙСКЪ ПЕТЕРБУРГ-
СКАГО ВОЕННАГО ОКРУГА

Н. П. Столпянскимъ.

ИЗДАНІЕ ДЕВЯТОЕ.
(Стереотипное.)

САНКТПЕТЕРБУРГЪ.
ИЗДАНІЕ ТОВАРИЩЕСТВА «ОБЩЕСТВЕННАЯ ПОЛЬЗА».
1873.

КЪ УЧИТЕЛЮ.

Письмо всѣхъ буквъ, кромѣ одной буквы К, подходитъ къ кружку и составнымъ частямъ кружка. Слѣдуя этому правилу, учащіеся, приспособившись писать кружокъ, легко будутъ составлять всѣ буквы.

Всѣ уроки при обученіи письму и чтенію должны имѣть *одинъ опредѣленный планъ*, а именно:

1) Вызвать отвѣтъ полною рѣчью.

2) Разложить отвѣтъ на слова, и сосчитать число словъ.

3) Въ отвѣтѣ учащихся должно находиться слово, имѣющее конечный согласный звукъ съ твердымъ или мягкимъ произношеніемъ, каковое слово нужно заставить раздѣлить на слоги, а слоги на звуки.

4) Первый выдѣленный звукъ нужно заставить писать, распросивъ напередъ: изъ какихъ частей кружка составляется эта буква. Такъ писать всѣ буквы взятаго слова до послѣдняго звука и прочитывать сперва одинъ написанный слогъ, а потомъ все слово.

5) На каждую согласную букву нужно написать всѣ крупныя, курсивомъ напечатанныя слова, поставленныя вверху каждаго урока.

6) Послѣ письма написанныя слова сличать и свѣрять съ курсивнонапечатанными словами.

7) Читать слоги и подобранныя слова, при чемъ учитель спрашиваетъ: знакомо ли прочтенное слово? Если слово знакомо, то учащіеся объясняютъ его значеніе; если же не знакомо,—то объясняетъ учитель. Каждое прочтенное слово непремѣнно должно быть понято учащимися.

8) Послѣ прочтенія учащіеся списываютъ всѣ слова изъ азбуки въ свою тетрадь и провѣряютъ другъ у друга.

9) При первомъ повтореніи учитель, установивъ общія понятія для каждой группы словъ, отдѣленныхъ тире, заставляетъ замѣнять слова въ разсказахъ.

10) При второмъ повтореніи уясняетъ грамматическія группы словъ, не прибѣгая къ терминологіи, и пріучаетъ къ разсказу статеекъ. При чемъ устанавливаетъ чистописаніе и ведетъ диктовку. Для выполненія всего нужно два мѣсяца, занимаясь ежедневно два часа. Болѣе подробныя указанія: какъ вести обученіе, учитель найдетъ въ руководствѣ къ обученію письму и чтенію по азбукамъ Н. П. Столпянскаго.

11) Ученики сами наклеиваютъ приложенныя буквы на бумагу, лучше на папку, разрѣзываютъ ихъ и составляютъ изъ нихъ слова.

Дозволено цензурою. С.-Петербургъ, 14 Февраля 1873 г.

Типографія Товарищества «Общественная Польза», по Мойкѣ, № 5.

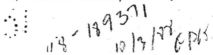

O O O O O O

000000   000000

00000   00000

Ордена.

о ι α α α α

ааааaa   ааааaa

ААА   Л Л Л Л Л

Амуниція.

е е е е е е

ееееее   *ееееее*

ЕЕЕЕ   *Е Е Е Е*

Ефрейторъ. Елка.

ѣ ѣ ѣ ѣ ѣ ѣ ѣ

ѣѣѣѣ   *ѣ ѣ ѣ ѣ*

ѢѢѢ   *Ѣ Ѣ Ѣ*

ЭЭЭ   *Э Э Э*

эээээ   *эээээ*

ЮЮЮЮЮЮ

Ю Ю Ю Ю Ю   *ю ю ю ю ю*

ЮЮЮ  *ЮЮ*

Юнкеръ.

Я Я Я Я Я

ЯЯЯЯЯ   *Я Я Я Я Я*

ЯЯ  *Я*

Ящикъ. Ядра.

И Й И И И

ппппп   иииии

ИИИ   ИИИ

Инвалидъ.

і і і і і і і і і

ііііі   іііііі

ІІІІІ   ЯЯЯЯ

ы ы ы ы ы ы

ЫЫЫЫЫ   ы ы ы ы ы

УУУУ

уууу *уууу*

УУУУ *УУУ*

ау уа *ее ея ею*

ау уа ее ея ею

Унтеръ-офицеръ.

ЙЙЙЙЙ

ой ай ей эй ей - ей

ой ай ей эй ей - ей

 *Яр, у яра, рою, орю, іерей.*

Ар, ра, рай, ор, ро, рой, ур, ру, ер, ре, рей.

У-ар. У-а-ра. У-а-ру. Ю-рій. Ю-рі-я. Ю-рі-ю. І-е-рей. І-е-ре-ю. Рай. Ра-я. Ра-ю. Рой. Роя. Ро-ю. Яр. Я-ра. Я-ру. Ро-ю. О-ру.

О-ри у-ра. Ю-рій рой. Я ро-ю. У-ар   о-ри у-ра. Я о-ру у-ра.

Я ро-ю у я-ра. Я о-ру у я-ра. Юрій, о-ри у-ра.

Рекруты.

0 1 2 3 4 5 6 7 8 9 10

Ж Рож, ужъ, ежъ, жаръ, жиръ, рыжій, рѣже.

Аж, жа, жай, ож, жо, жой, уж, жу, жуй, еж, же, жей.

Еж. Е-жа. Е-жу. Уж. У-жа. У-жу. Рож. Ржи. У-ро-жай. У-ро-жая. У-ро-жа-ю. О-ру-жі-е. О-ру-жі-я. О-ру-жі-ю. Жи-жа. Жар. Жир. Жу-ю. Жа-рю. Рѣ-жу. Жу-рю.

Я рѣ-жу жир и жу-ю рож. Жуй рож и рѣж жир. У-жи п е-жи рѣ-же у ржи.

У Ю-рі-я о-ру-жіе. У У-а-ра у-ро-жай ржи.

Жалонеры.

М Ум, ѣм, жом, ра-ма, мѣ-ря-ю, ми-рю, е-ре-мѣй.

Ам, ма, май, ом, мо, мой, ем, ме, мей.

Ма-рі-я. Е-ре-мѣй. Муж. Му-жа. Му-жу. Ра-ма. Я-ма. Мѣ-ра. — Мо-ре. Ме-жа. Мир. Ми-ра. Ми-ром. О ми-рѣ. Ми-рю. Мо-ро-жу. Ма-жу. Ме-жу-ю. Мру. Жму. И-мѣ-ю. У-мѣ-ю. Я. Мы. Мой, мо-я, мо-е, мо-им, мо-е-ю, мо-и.

Имя. Ар-мі-я. Ма-і-ор.

У ма-і-о-ра о-ру-жі-е. У ар-мі-и о-ру-жі-е. Мы и-мѣ-ем ум. Я и-мѣ-ю ра-му. Мы и-мѣ-ем о-ру-жі-е и ма-жем о-ру-жі-е жи-ром. Муж Ма-рі-и Е-ре-мѣй.

Медвѣдь и охотники.

С Ус, усы, русый, ужас, мыс.
Ес, се, сей, ас, са, сай, ыс, сы, сый,
ѣс, сѣ, сѣй.

Мо-и-сей. И-сай. Сы-сой. Се-ре-жа. — Са-ма-ра. Ру-са. Рос-сі-я. — Сѣ-мя. Су-ма. Са-жа. Сѣ-ра. Сор. Мя-со. Ро-са. О-са. О-сы. — Сѣ-рый. Сы-рой. Сы-ро-е мя-со. Си-рый Се-ре-жа. Си-жу. Су-жу. Со-жму. Сро-ю. Смо-ю Сма-жу, Смѣ-ря-ю. Сми-ря-ю. — Сам. Са-мый. Сей.

Мы сра-жа-ем-ся о-ру-жі-ем. Сережа, срой му-сор. Сы-сой, смаж су-му жи-ром и са-жею.

У Сы-соя ру-сы-е у-сы, а у Мо-и-сея ры-жі-е у-сы.

Солдатъ смазываетъ сапоги.

66 Яр (ъ), яр (ь), жар (ъ), жар (ь).

Яръ. Ярь. Жаръ. Жарь. Семь. Мѣръ. Мѣрь. Осъ. Ось. Русъ. Русь. Еръ. Ерь. Сѣмя. Се-мья. Съѣмъ. Ро-юсь. Жа-рюсь.

Яр	Яръ	Ярь		Мя	Мья	Се-мья
Жар	Жаръ	Жарь		Сем	Съѣм	Съѣмъ
Мѣр	Мѣръ	Мѣрь		Сѣм	Съѣм	Съѣмъ
Рус	Русъ	Русь		Ой	Рой	Срой
Сыр	Сыръ	Сырь		Ой	Мой	Смой
Рис	Рисъ	Рись		Уй	Жуй	Сжуй
Жир	Жиръ	Жирь		Ѣй	Сѣй	Смѣй
Ос	Осъ	Ось		Ый	Сый	Са-мый

Моя се-мья у моря. У Сы-соя семь мѣръ ржи. Е-ре-мѣй мѣрь рожь мо-е-ю мѣ-рою. Я си-жу съ Юрі-емъ. Я ро-ю я-му съ Е-ре-мѣ-емъ. Мы съ Сы-со-емъ ма-жемъ ру-жья жи-ромъ. Я жарю мя-со съ жиромъ. Мы мо-ем-ся у мо-ря. У Исая рисъ, у Сысоя жиръ, а у Мо-и-сея съ Ере-мѣ-емъ мясо.

К К   *Ракъ, жукъ, макъ, сокъ, крюкъ, крикъ, кряжъ, рѣка, куры.*

Ак, ка, кай, ок, ко, кой, ук, ку, куй.

Ма-каръ. А-кимъ, Мак-симъ. Маркъ. — Ко-сарь. Кумъ. Ку-ма. Се-мья. — Ку-ры. Ка-ра-си. Ракъ. Жукъ. — О-со-ка. Ры-жикъ. Ко-ра. Сукъ. — Кормъ. Ку-сокъ. Сай-ка. — Ко-са. Сѣ-ки-ра. — Кир-ка. Крюкъ. Ко-сякъ. Ко-ем-ка. — Ска-жи. Ско-си. Скрой. — Мо-крый. Жаркій. — Со-рокъ. — Се-ме-ро. — Ка-кой. — Ско-ро. Кро-мѣ. Какъ.

Мы сма-жемъ курокъ у ружья. Мы съ кира-си-ромъ мажемъ ко-жу кус-комъ жира съ са-жею. Рой у рѣки яму кир-кою. У моей койки крюкъ, а у крюка кас-ка и ружье. Мои руки мок-рыя. Ма-ксимъ, скажи: съ кѣмъ мы сража-емся и какъ мы сражаемся.

Казакъ

Л Руль, жилье, мѣлъ, мѣль, соль, коль, мелька, смыслъ.

Ал, ла, лай, ел, ле, лей.

Лука. Кириллъ. Илья. Алексѣй. Юлія. Оля. Коля.—Лиса. Лось. Моль.—Ель. Ёлка. Лукъ.—Люлька. Улей.—Колъ. Ломъ.—Лѣсъ. Лужа.—Жалѣю. Желаю. Ласкаю. Лежу. Солю. Сулю.—Милый Коля. Милая Оля. Мелкій лѣсъ.—Сколько.

Я лью смолу. Слей смолу. Кури смол-кою. Мы мажемъ руки ук-сусомъ. Мы съ слесаремъ ку-емъ крюки къ сараямъ. Мы мыли руки съ мы-ломъ. У Луки сорокъ кулей муки. У орла сѣ-рыя крылья. Колю и Олю ужалила оса. Кирил-лу и Илью ис-кусали комары.

Ложе. Лафетъ. Лагерь.

Ш Ершъ, мышь, сушь, кошка, мушка, мѣшокъ, миша, яша.

Еш, ше, шей.

Миша. Саша. Яша. Алеша. Маша. — Кошка.
Мышка. Ершъ. Мушка. Мошка. Шмель — Ли-
шай. Ромашка. Морошка. — Шмель. Школа. —
Шаръ. Кушакъ. — Шило. Шашка. — Каша. —
Сушу. Шелъ. Шлю. Шумлю. — Широкій.

Село Широкое.

Къ селу Широкому шли съ яр-мар-ки: косарь
Маркъ, слесарь Лука, Мак-симъ, Илья, Ма-
каръ, Косьма и Акимъ. Косарь Макаръ шелъ
съ косою. Слесарь Лука имѣлъ крюкъ. Мак-
симъ шелъ съ мѣш-комъ и шумѣлъ: ерши,
ерши, раки, раки. Акимъ калякалъ съ Ильей:
какъ ук-рали у Кирил-лы ар-мякъ съ куша-
комъ. У села Макаръ имѣлъ шалашъ и карау-
лилъ лѣсъ съ Яшей и Мишей.

Штабъ-офицеры.

Н Ленъ, сынъ, конь, шина; орѳшня, нужный.

Он, но, ной, еп, не, ней, ан, на, най.

Имена: Онисимъ. Арсеній. Емельянъ. Іона. Юліанъ. Иларіонъ. Уаръ. Романъ. Мануилъ. Симеонъ. Кононъ. Лукьянъ. Никаноръ. — Конь. Коршунъ. Окунь. Комаръ. — Сосна. Осина. Калина. Малина. — Камень. Кремень. Ношу. Нанимаюсь. Красный. Синій. Алый. Румя-ный. Нуль. Нашъ ленъ. Никакой. Нужно. Нынѣ.

Юнкеръ. Экономъ. Инженеръ. Уланъ. Жалонеръ. — Арсеналъ. Манежъ. — Колон-на. Линія. — Шинель. Шнуръ. Сукно. — Кинжалъ. Клинокъ. Ножны. Ружье. Каналъ у ружья. Казенникъ.

На носилкахъ несутъ раненаго.

П Клоп, просо, пшено, крупа, писарь, пыль, пушка.

Ап, па, пай, оп, по, пой.

Пармен. Прокопій. Сампсон. Аполлон. Кипріан. — Перепел. Поросенок. Пискарь. Паук. — Липа. Кипарис. Опенки. Песок. — Сноп. Пенька. Пашня. — Пишу. Пеку. Пасу. Прѣсный. Кислый. Солный. Спѣлый.

Капрал, Капральный, Писар, Саперы, Пекар, — Полк, Корпус, Парк, — Пика, Пуля, Шемпол, Перка.

Милая моя маменька.

Мы съ Прокопіемъ приписаны къ Перм-скому полку. Нашъ Перм-скій полкъ нынѣш-нею осенью рас-положили по селамъ. Къ селу Панину съ нашимъ капральнымъ мы плыли по рѣкѣ Окѣ на плоскомъ паромѣ, упираясь палками. Широкая рѣка Ока несла насъ ужасно скоро. Руль скоро сломался, палки наши переломались. Къ нашему спасенію паромъ скоро сѣлъ на мель и кружился. Присланные мужики съ села Панина приплыли къ намъ и принесли колья. Мы кольями снялись съ мели и скоро перешли на сушу. Шлю поклонъ моей милой женѣ Парашѣ и нижайше кланяюсь нашимъ ꙗселянамъ. Покорнѣйшій сынъ Поликарпъ Копорскій.

Пушка. Палатка.

Т *Ротъ, жесть, матка, сито, котъ,*
лѣто, шутка, нырять, потъ.

Ат, та, тай, от, то, той, ыт, ты, ут, ту.

Тарасъ. Титъ. Терентій. Татьяна. Наталья. —
Тетерка. Тюлень. Китъ. — Тополь. — Ртуть.
Платина. — Толкаю. Тяну. — Теплый, Жаркій. —
Тепло. Жарко. Тутъ. Тамъ. Три. Пять.

Мортира. Тесакъ. Пистолетъ. Штыкъ. —
Патронъ. Ракета. — Пароль. Секретъ.

Милый мой пріятель, Тарасъ. Пишу это письмо утромъ, послѣ
смотра, около палатокъ. Наши палатки стройно расположены
по прямымъ линіямъ. Около палатокъ просторная поляна съ
опушкою лѣса. У лѣса широкая рѣка. У рѣки наша ротная
пекарня и ротный котелъ. На полянѣ у лѣса мы сами тас-
каемъ пни и потомъ пекаря топятъ ими пекарню и кипятятъ
ротный котелъ съ жирною и съ сытною кашею. Послѣ лѣта
помѣстятъ насъ по селамъ.

Терентій Сорокинъ.

Тамбуръ-Мажоръ.

Ровъ, живъ, молва, сова, ковка, шовъ, нива, пиво, втулка.

Ав, ва, вай, ов, во, вой, ув, ву, вуй.

Имена: Иванъ. Василій. Власъ. Лаврентій. Василиса. Наименованія: Волкъ. Ворона. Вьюнъ. Травяная вошь.—Ветла. Ива. Вишня.— Вѣсы. Вилы. Веревка. — Вѣтеръ. Вопросъ.— Вѣять. Вышивать.—Важный. Славный.—Третій. Пятый. Шестой. Восьмой.—Всякій. Весь.— Весьма.

Конвой. Кавалерія.—Квартира. Привалъ. Аванпостъ. — Провіантъ. Приварокъ. — Шевронъ. Нашивки. Воротникъ.

Въ нынѣшнее лѣто въ степи успѣли во-время выкосить сѣно. Трава выросла сильная. Послѣ кошенія трава лежала валами трое сутокъ. На четвертыя сутки ворошили и на пятыя только клали въ копны и валили въ сараи. На сѣнокосѣ послѣ ужина пѣли веселыя пѣсни.

Возъ. Ведро.

Д д *Родня, желудъ, медвѣдь, скидка, кладъ, лошадь, надъ, подъ, отрядъ, видъ.*

Ад, да, дай, од, до, дой, уд, ду, дуй.

Данилъ. Давидъ. Димитрій. Модестъ. Дарья.— Дѣдъ. Дядя. Деверь.— Индѣйка. Дятелъ.— Смородина. Крыжовникъ. — Дерево. Домъ Дворъ. — Дарю. Даю. Дѣлаю. Дворовый. Достойный.— Девять. Два. Двѣсти. Впередъ. Авось. Едва-ли. Врядъ-ли. Да. Нѣтъ.

Отрядъ. Команда. Эскадронъ.— Солдатъ. Рядовой. Жандармъ.— Дядька. Дежурный. Дневальный.

Родина.

«Довольно поплуталъ я по свѣту и видѣлъ не одну диковинку», говорилъ старый солдатъ.—«Посмотрѣлъ на матушку Москву, на Питеръ, видѣлъ Псковъ и Кіевъ, прошелъ Варшаву. проплылъ мимо Одессы, пожилъ и въ Севастополѣ, а теперь воротился на родину, въ свою деревушку. Она все такая же: тѣ-же дворы, такія же коровы и лошади, тотъ же питейный домъ съ ёлками, какъ прежде. — Я посмотрѣлъ на народъ—кой дьяволъ! все новыя рожи. Посматриваю пріятелей! Не вижу. Спрашиваю? нѣтъ.—А ты

откуда?—спрашиваютъ меня. — «Да я домой пришелъ, тутъ моя родина», съ досадою отвѣчалъ я.—
А ты, кто такой?—«Сидоръ, Карповъ сынъ».—Сидоръ! Аль это ты, вскрикнулъ какой-то сѣдой ста-
рикъ.—«Да, я. А ты кто?»—Эвось, не припоминаешь
Демьяна. Я смотрѣлъ на Демьяна, Демьянъ смотрѣлъ
на меня. — Такъ ты, Сидоръ, воротился домой?—
«Да вотъ видишь: плясать ужъ не подъ силу, какъ
прежде; наплясалъ, пріятель, костыли!»—Да, ты
старъ-старьемъ—этакіе усы сѣдые; да и калѣка!—
Присѣли мы на лавку.—«Ну, какъ жива мать?»—Нѣтъ,
пріятель, спустя годъ послѣ рекрутства, умерла. —
«А моя Дуняша? жена моя?»—Да, она умерла, впередъ
матери. Пока мы говорили, всѣ остальные отошли
отъ насъ и никому до меня дѣла нѣтъ. Такъ прини-
мали стараго солдата прежде, то есть, лѣтъ десять
тому на родинѣ, въ своей деревушкѣ. А теперь не то.
Теперь, нынѣшній, не старый солдатъ, пришелъ на
родину въ свою деревню, — онъ въ ту же минуту
дѣлается такимъ же крестьяниномъ, съ такимъ же
дворомъ, полемъ и скотомъ, какіе имѣлъ до поступ-
ленія въ солдаты. Такую милость далъ нашъ Императоръ Александръ II.

Домъ, дерево, дымъ.

Рогъ, жгутъ, могила, стогъ, кругъ, легко, шагъ, нога, пирогъ, творогъ, врагъ, долгъ.

Аг, га, гай; ог, го, гой; ег, ге, гей

Егоръ. Григорій. Гаврилъ. Герасимъ. Ольга. Пелагея. — Гусь. Лягушка. Гадюка. — Груша. Дуля. — Глина. — Гляжу. Говорю. Гремлю. Громъ гремитъ. — Громкій. Громко. Глинистый. Годный. — Я. Мы. Ты. Вы. Онъ. Она. Они. — Когда. Тогда. Рѣдко. Всегда. Иногда. *Гренадеръ. Гусаръ. Драгунъ. Горнистъ.* — *Лагерь. Сигналъ. Тревога. — Авангардъ. Арріергардъ. — Галунъ. Погонъ.*

Геройство.

Герой не думаетъ въ опасности о смерти. Онъ помнитъ только свой долгъ и смотритъ на дѣло, строго исполняя волю старшаго. За геройство и мужество всегда награждаютъ. Герои всегда служили и служатъ красою отряда, роты, полка, корпуса и даже всей арміи. Сами враги-непріятели уважаютъ героевъ и преслѣдуютъ трусовъ. Великій Наполеонъ поставилъ въ примѣръ всей арміи своей подвигъ гренадера Коренного, который съ примѣрнымъ самоотверженіемъ успѣлъ спасти своего командира въ сраженіи пря деревнѣ Гессе, 4-го сентября 1813 года.

Гауптвахта.

З *Разъ, жизнь, мозгъ, созывъ, казакъ, лоза, низъ, привозъ, тузъ, взводъ, глазъ.*

Азъ, за, зай, ез, зе, зей, оз, зо, зой.
Козьма. Зосимъ. Елизаръ. Зиновья. — Козелъ. Коза. Дроздъ. Змѣя. Сёмга. Осётръ.—Земляника. Зерно. —Золото. Алмазъ.—Зеленый. Розовый. Красный. Синій. Желтый. Зову. Призываю. Взываю. Здѣсь. Тамъ. Вездѣ. Позади.
Взводъ. Полузводъ. Разъѣздъ. Засада. Залогъ. Лозунгъ. Отзывъ. Пароль.
Знамя.

Знамя есть древко, на которомъ привѣшено полотно съ рисункомъ. Знамена во всѣ времена и въ каждой землѣ служили святынею для войска. Гдѣ знамя, здѣсь и слава полка; а потому-то имя и званіе солдата, который съумѣлъ удержать знамя въ сраженіи и въ опасности не выдать его непріятелю, дѣлается извѣстнымъ всей арміи.

Знамя.

Зубъ, лобъ, погребъ, небо.

Аб, ба, бай, об, бо, бой, бе, бей.

Борисъ. Глѣбъ. Богданъ. Любовь. — Братъ. Бабушка. — Собака. Баранъ. Зябликъ. Бѣлуга. Жаба-лягушка. Кобылка. Божья коровка. — Береза. Рябина. Дубъ. — Серебро. Берюза. — Злой. Бѣлый. Блѣдный. — Беру. Бѣгаю. Бросаю. — Близко. Далеко. Мало. Много.

Бивакъ. Бастіонъ. Батарея. Баталіонъ. Оборона. Бомба.

Полтавскій бой.

Изъ шатра, толпою окруженный, выступаетъ Пётръ. Его глаза сіяютъ. Ликъ его ужасенъ; движенія быстры. Онъ прекрасенъ, онъ весь какъ Божія гроза идетъ. Ему коня подводятъ. И онъ пронесся предъ полками, силенъ и радостенъ какъ бой. Онъ поле пожиралъ глазами. За нимъ вслѣдъ неслись толпой — воспитанники гнѣзда Петрова — и Шереметьевъ благородный, и Брюсъ, и Боуръ, и Рѣпнинъ, и Меншиковъ, баловень безродный, полудержавный властелинъ. «За дѣло съ Богомъ!» раздался гласъ Петра. И съ шведами Государевы дружины сошлись въ дыму, среди равнины — и грянулъ бой, Полтавскій бой! Въ огнѣ подъ градомъ раскаленнымъ, стѣной живой отраженнымъ, надъ падшимъ строемъ свѣжій строй штыки смыкаетъ. Бросая груды тѣлъ на груду, гранаты, бомбы и ядра повсюду межъ ними прыгаютъ, разятъ, пыль роютъ и въ крови шипятъ. Шведъ, Русскій — колетъ, рубитъ, рѣжетъ. Бой барабанный, клики, скрежетъ. Громъ пушекъ, топотъ, ржанье, стонъ и смерть и адъ.

Вся русская армія до сего времени поетъ пѣсню объ этомъ славномъ боѣ:

> Было дѣло подъ Полтавой,
> Дѣло славное, друзья.
> Мы дрались тогда со Шведомъ
> Подъ знаменами Петра.
> Нашъ Великій Императоръ —
> Память славная ему —
> Самъ ружьемъ солдатскимъ правилъ,
> Самъ онъ пушки заряжалъ.
> Бой кипѣлъ передъ Полтавой,
> Кровь солдатская лилась . . . . . .
>
> . . . .

Барабанщикъ.

Ручей, жучка, мячъ, сычъ, кочка, лучъ, ночь, печь, точка, вечеръ, дочь, зрачекъ, бочка, трубачъ.

Ач, ча, чай, еч, че, чей.

Человѣкъ. Животное. Растеніе. — Рябчикъ. Чижъ. Сычъ. Кузнечикъ. Пчела. — Читаю. Пишу. Говорю. Разсказываю. Слушаю. Чинно. Смирно.

Подпоручикъ. Поручикъ. Начальникъ. Врачъ. Часовой. Трубачъ.

Смѣтливость русскаго солдата.

Часовой, стоявшій у пристани на рѣкѣ, увидѣлъ, что капитанъ шелъ мимо него по льду прямо на широкую полынью, которую чуть только подернуло льдомъ и запорошило снѣгомъ. Часовой сталъ кричать капитану, чтобы онъ воротился; но за сильнымъ встрѣчнымъ вѣтромъ капитанъ не могъ разслышать. Часовой закричалъ ему въ другой разъ изо всей силы и, когда капитанъ на него оглянулся, часовой брякнулъ ему на погребенье. Капитанъ поглядѣлъ, призадумался и подошелъ ближе спросить часоваго, что это значитъ. Часовой и отрапортовалъ объ опасности.

Чай. Чайникъ. Чашки.

X X

Орѣхъ, мохъ, соха, грѣхъ.
Ах, ха, хай, ех, хе, их, хи.
Харлампій. Харитонъ. Хіона. — Хорекъ. Глухарь. Черепаха. Муха. — Хмѣль. Хрѣнъ. — Хвораю. Хватаю. Хожу. Хочу. — Хорошій. Храбрый. — Хорошо. Худо. Ахъ, охъ, ха, ха, хи, хи.
Приходъ. Расходъ. Походъ. Порохъ.

Пѣсня о хмѣлѣ.

Какъ во городѣ было во Харьковѣ,
Хмѣлюшка по торгу гуляетъ:
Да и самъ-себя Хмѣль выхваляетъ,
Что и нѣтъ-то меня, Хмѣлюшки, лучше,
Хмѣлевой моей головки веселѣе....
И крестинъ безъ меня, Хмѣля, не бываетъ,
Да... и свадьбы безъ Хмѣля не играютъ,
Только лихъ на меня мужикъ-крестьянинъ:
Онъ широкія борозды копаетъ,
Глубоко меня, Хмѣля, зарываетъ.
Въ ретивую грудь тычинку вбиваетъ....
Ужъ какъ тутъ я, Хмѣль, догадался:
По тычинушкѣ вверхъ увивался,
Распустилъ я свои яровы шишки.
Красны дѣвушки Хмѣлюшку сбирали,
Въ рогожные кули зашивали,
На овинъ меня, Хмѣлюшку, сушили,
На базаръ меня, Хмѣля, возили,
Что богатые мужики покупали,
Въ сусль меня, Хмѣлюшку, топили....
По дубовымъ бочкамъ разливали....
Ужъ какъ тутъ-то я, Хмѣль, догадался:
По уторамъ я, Хмѣль, расходился,
Въ головы забирался,
Не въ одномъ мужикъ разыгрался....
Отмщю же я крестьянину насмѣшку:
Ужъ я сдѣлаю его сатаною....
И ударю его въ тынъ головою?....

Хлѣбы.

Φ Θ *Фунтъ, фарфоръ, фосфоръ, фляга, флагъ.*

Филиппъ. Флоръ. Ѳедоръ. Ѳедотъ. Ѳедосья. Филинъ. Фазанъ.—Фіалка. Кофе.—Фосфоръ. Нефть. Торфъ. Асфальтъ.—Фарфоровой. Фосфорный.—Фуфайка. Фуражка. Фонарь.

Ефрейторъ. Фельдфебель. Фельдшеръ. Фронтъ. Флангъ. Фуражъ. Лафетъ.

Франтъ фельдфебель.

Въ ротѣ тѣлохранителей прусскаго короля Фридриха Великаго былъ одинъ весьма храбрый и красивый фельдфебель. Онъ былъ бѣденъ, но очень любилъ франтить. Вмѣсто карманныхъ часовъ онъ носилъ пулю, выставляя напоказъ шнурокъ и ключикъ, какъ будто-бы у него были въ карманѣ часы. Король, зная храбрость этого фельдфебеля и желая похвалить его предъ фронтомъ за бережливость, — что онъ изъ своего небольшаго жалованья умѣлъ сберечь деньги для покупки часовъ, — спросилъ фельдфебеля: «сколько времени по его часамъ?» Фельдфебель. вынимая пулю изъ-за борта мундира, сказалъ: «Ваше Величество, мои часы не показываютъ времени, но они всегда напоминаютъ мнѣ то, какой смерти за своего короля не долженъ бояться храбрый солдатъ». Король остался очень доволенъ отвѣтомъ Фельдфебеля и подарилъ ему свои золотые часы.

Фура.

Щ *Роща, лощина, гуща, нищій, защелка.*

Къ названіямъ вещей относятся слова: книга, карандашъ, грифель, доска, перо, бумага. Къ игрушкамъ: кубарь, мячикъ, кукла. Къ предметамъ: корова, лошадь, щегленокъ, щука, змѣя, хрущъ или майскій жукъ. Къ дѣйствіямъ: щекочу, щепаю. Къ отличіямъ: Хищный, щедрый, щербатый. Счетъ: пять, шесть.

Прапорщикъ. Артельщикъ. Денщикъ. Барабанщикъ. Знаменщикъ. Закройщикъ.

Поговорки.

Ищи себѣ прибыли, да другому не желай гибели.
Поле бѣло, сѣмя черно: кто его сѣетъ, тотъ и разумѣетъ.
Люби кататься, люби и саночки возить.
Ученіе—свѣтъ, а неученіе—тьма.
Всѣмъ добро, никому зло—то законное житье.

0, 1, 2, 3, 4, 5, 6, 7, 8, 9, 10, 11, 12, 13, 14, 15, 16, 17, 18, 19, 20, 21, 22, 30, 40, 50.

Щетка. Щенята.

Ц Отец, царь, церковъ.

Къ царству животному принадлежатъ: заяцъ, куница, лисица, скворецъ, синица, ящерица, голецъ, мокрица и другія. Къ царству растительному: горчица, пшеница, ярица, чечевица, и прочія. Къ царству ископаемому: свинецъ, квасцы, глина, суглинокъ, песокъ, известнякъ, рухлякъ, черноземъ, и прочія. —

Штабъ-офицеръ. Оберъ-офицеръ. Унтеръ-офицеръ. Ординарецъ. Цирюльникъ. — Цѣпь солдатъ. Позиція. Дистанція. Амуниція.

Рукавица
(побасенка).

Ѣхалъ путемъ-дорогою мужичекъ, потерялъ рукавицу, и лежитъ рукавица у дороги. Летитъ мимо муха. «Ахъ, говоритъ, «рукавица лежитъ! Время позднее, солнышко сѣло, залѣзть переночевать». И залѣзла въ рукавицу. Идетъ мимо мышь.—«Кто въ рукавицѣ?»—Я, муха-царица.—«Пусти переночевать!»—А ты кто?—«Мышь-пискарица».—Полѣзай въ рукавицу! Идетъ мимо заяцъ.—«Кто въ рукавицѣ?»—Я, муха-царица да мышь пискарица.—«Пустите переночевать!»—А ты кто?—«Заяцъ-косой.» Полѣзай въ рукавицу! Идетъ мимо волкъ.—«Кто въ рукавицѣ?»—Я, муха-царица, да мышь-пискарица, да заяцъ-косой. — «Пустите переночевать!» — А ты кто? «Волкъ-сѣдой».—Полѣзай въ рукавицу! Идетъ мимо медвѣдь.—«Кто въ рукавицѣ?»—Я, муха-царица, да мышь-пискарица, да заяцъ-косой, да волкъ-сѣдой. — «Пустите переночевать!»—А ты кто? — «Мишенька-медвѣдь».—Полѣзай въ рукавицу! И сидятъ въ рукавицѣ: муха-ца-рица, да мышь-пискарица, да заяцъ косой, да волкъ-сѣдой, да мишенька-медвѣдь. Бѣжитъ по дорогѣ пѣтухъ. Поровнялся съ рукавицей, вытянулъ шею, да какъ крикнетъ: «Кукареку! кукареку! подъ нами земля горитъ!» Всѣ изъ рукавицы и повыскакали—какъ разъ въ пору; ночь прошла, и солнышко восходитъ.

Цифры.

60. 70. 80. 90. 100. 101. 102. 103. 104. 105. 106. 107. 108, 109. 110. 111. 112. 120. 200. 300. 400. 500. 600. 700. 800. 900. 999. 1000.

ТАБЛИЦА УМНОЖЕНІЯ.

$1 \times 1 = 1$	$4 \times 6 = 24$	$8 \times 1 = 8$
$1 \times 2 = 2$	$4 \times 7 = 28$	$8 \times 2 = 16$
$1 \times 3 = 3$	$4 \times 8 = 32$	$8 \times 3 = 24$
$1 \times 4 = 4$	$4 \times 9 = 36$	$8 \times 4 = 32$
$1 \times 5 = 5$	$4 \times 10 = 40$	$8 \times 5 = 40$
$1 \times 6 = 6$		$8 \times 6 = 48$
$1 \times 7 = 7$	$5 \times 1 = 5$	$8 \times 7 = 56$
$1 \times 8 = 8$	$5 \times 2 = 10$	$8 \times 8 = 64$
$1 \times 9 = 9$	$5 \times 3 = 15$	$8 \times 9 = 72$
$1 \times 10 = 10$	$5 \times 4 = 20$	$8 \times 10 = 80$
	$5 \times 5 = 25$	
$2 \times 1 = 2$	$5 \times 6 = 30$	$9 \times 1 = 9$
$2 \times 2 = 4$	$5 \times 7 = 35$	$9 \times 2 = 18$
$2 \times 3 = 6$	$5 \times 8 = 40$	$9 \times 3 = 27$
$2 \times 4 = 8$	$5 \times 9 = 45$	$9 \times 4 = 36$
$2 \times 5 = 10$	$5 \times 10 = 50$	$9 \times 5 = 45$
$2 \times 6 = 12$		$9 \times 6 = 54$
$2 \times 7 = 14$	$6 \times 1 = 6$	$9 \times 7 = 63$
$2 \times 8 = 16$	$6 \times 2 = 12$	$9 \times 8 = 72$
$2 \times 9 = 18$	$6 \times 3 = 18$	$9 \times 9 = 81$
$2 \times 10 = 20$	$6 \times 4 = 24$	$9 \times 10 = 90$
	$6 \times 5 = 30$	
$3 \times 1 = 3$	$6 \times 6 = 36$	$5 \times 5 = 25$
$3 \times 2 = 6$	$6 \times 7 = 42$	$5 \times 25 = 125$
$3 \times 3 = 9$	$6 \times 8 = 48$	
$3 \times 4 = 12$	$6 \times 9 = 54$	$6 \times 6 = 36$
$3 \times 5 = 15$	$6 \times 10 = 60$	$6 \times 36 = 216$
$3 \times 6 = 18$		
$3 \times 7 = 21$	$7 \times 1 = 7$	$7 \times 7 = 49$
$3 \times 8 = 24$	$7 \times 2 = 14$	$7 \times 49 = 343$
$3 \times 9 = 27$	$7 \times 3 = 21$	
$3 \times 10 = 30$	$7 \times 4 = 28$	$8 \times 8 = 64$
	$7 \times 5 = 35$	$8 \times 64 = 512$
$4 \times 1 = 4$	$7 \times 6 = 42$	
$4 \times 2 = 8$	$7 \times 7 = 49$	$9 \times 9 = 81$
$4 \times 3 = 12$	$7 \times 8 = 58$	$9 \times 81 = 729$
$4 \times 4 = 16$	$7 \times 9 = 63$	
$4 \times 5 = 20$	$7 \times 10 = 70$	$10 \times 10 = 100$
		$10 \times 100 = 1000$

Десять заповѣдей.

1) Азъ есмь Господь Богъ твой: да не будутъ тебѣ бози иніи, развѣ Мене.

2) Не сотвори себѣ кумира, и всякаго подобія, елика на небеси горѣ, и елика на землѣ низу, и елика въ водахъ подъ землею: да не поклонишися имъ, ни послужиши имъ.

3) Не пріемли имене Господа Бога твоего всуе.

4) Помни день субботный, еже святити его: шесть дней дѣлай, и сотвориши въ нихъ вся дѣла твоя, въ день же седьмый, суббота, Господу Богу твоему.

5) Чти отца твоего и матерь твою, да благо ти будетъ, и да долголѣтенъ будеши на земли.

6) Не убій.

7) Не прелюбы сотвори.

8) Не укради.

9) Не послушествуй на друга твоего свидѣтельства ложна.

10) Не пожелай жены искренняго твоего, не пожелай дому ближняго твоего, ни села его, ни раба его, ни рабыни его, ни вола его, ни осла его, ни всякаго скота его, ни всего, елика суть ближняго твоего.

Молитва Господня.

Отче нашъ, иже еси на небесѣхъ, да святится имя Твое, да пріидетъ Царствіе Твое, да будетъ воля Твоя, яко на небеси и на земли; хлѣбъ нашъ насущный даждь намъ днесь; и остави намъ долги наша, яко же и мы оставляемъ должникомъ нашимъ; и не введи насъ въ искушеніе, но избави насъ отъ лукаваго.

Сѵмволъ Вѣры.

Вѣрую во единаго Бога Отца, Вседержителя, Творца небу и земли, видимымъ же всѣмъ и невидимымъ.—И во единаго Господа Іисуса Христа, Сына Божія, Единороднаго, Иже отъ Отца рожденнаго прежде всѣхъ вѣкъ, Свѣта отъ Свѣта, Бога истинна отъ Бога истинна, рожденна, несотворенна, единосущна Отцу, Имже вся быша.—Насъ ради человѣкъ, и нашего ради спасенія сшедшаго съ небесъ, и воплотившагося отъ Духа Свята и Маріи Дѣвы, и вочеловѣчшася.—Распятаго же за ны при Понтійстѣмъ Пилатѣ, и страдавша и погребенна.—И воскресшаго въ третій день по писаніемъ.—И восшедшаго на небеса, и сѣдяща одесную Отца.—И паки грядущаго со славою судити живымъ и мертвымъ, Его же царствію не будетъ конца.—И въ Духа Святаго, Господа Животворящаго, Иже отъ Отца исходящаго, Иже со Отцемъ и Сыномъ спокланяема и сславима глаголавшаго Пророки.—Во едину Святую, Соборную и Апостольскую Церковь.—Исповѣдую едино Крещеніе, во оставленіе грѣховъ.—Чаю воскресенія мертвыхъ,—И жизни будущаго вѣка. Аминь.

Коль славенъ нашъ Господь въ Сіонѣ,
Не можетъ изъяснить языкъ!
Великъ Онъ въ небесахъ на тронѣ,
Въ былинкахъ на землѣ великъ.
Вездѣ, Господь, вездѣ Ты славенъ,
Въ нощи, во дни сіяніемъ равенъ.

НАРОДНЫЙ ГИМНЪ.

Боже, Царя храни;

Сильный, державный,

Царствуй на славу намъ,

Царствуй на страхъ врагамъ,

Царь православный;

Боже, Царя храни.

Рекрутскій наборъ:

Рекрутскій наборъ назначается Высочайшимъ указомъ и есть Государственная повинность.

Первый рекрутскій наборъ былъ при Петрѣ Великомъ въ 1704 году, слѣдовательно 168 лѣтъ назадъ.

Рекрутство долгое время было тягостною повинностію. Въ рекрутскихъ присутствіяхъ всѣ плакали. Но теперь, при нынѣ благополучно царствующемъ Государѣ Императорѣ Александрѣ Николаевичѣ, рекрутство сдѣлалось почетною повинностію. — Солдатъ не отрѣзанный ломоть отъ семьи. Нѣтъ! — онъ членъ семьи, онъ членъ того общества, изъ котораго поступилъ на службу. Изъ ревизіи не исключается, и общество податей за него не платитъ. Получивъ безсрочный отпускъ или отставку, солдатъ идетъ къ себѣ на родину, получаетъ землю, огородъ, домъ и дѣлается вполнѣ равноправнымъ хозяиномъ, каковыми считаются всѣ другіе поселяне или горожане. Судъ, законъ и начальство для отставнаго солдата, а также и для безсрочно-отпускнаго тѣ же, что и для всѣхъ. Онъ во всемъ равенъ другимъ, и вмѣстѣ съ этимъ пользуется преимуществами: подушныхъ податей онъ не платитъ, земскихъ сборовъ, раскладываемыхъ по душамъ, онъ не несетъ. На обзаведеніе, если встрѣтится нужда, отставной солдатъ получаетъ единовременное пособіе. Такъ повелѣлъ устроиваться солдату, по выслугѣ лѣтъ, нашъ Государь, Освободитель народа, Императоръ Александръ Николаевичъ — именнымъ указомъ, даннымъ Правительствующему Сенату 25 іюня 1867 года, что и объявлено по войскамъ приказомъ Военнаго Министра 5 іюля 1867 года за № 241 (Кто пожелаетъ все положеніе узнать, пусть прочтетъ приказъ Военнаго Министра за указаннымъ нумеромъ).

Присяга на вѣрность службы.

Я, нижепоименованный, обѣщаюсь и клянусь Всемогущимъ Богомъ, предъ Святымъ Его Евангеліемъ, въ томъ, что хочу и долженъ Его Императорскому Величеству, своему истинному и природному Всемилостивѣйшему Великому Государю Императору Александру Николаевичу, Самодержцу Всероссійскому, и Его Императорскаго Величества Всероссійскаго Престола Наслѣднику, вѣрно и нелицемѣрно служить, не щадя живота своего, до послѣдней капли крови, и всѣ къ Высокому Его Императорскаго Величества Самодержавству, силѣ и власти принадлежащія права и преимущества, узаконенныя и впредь узаконяемыя, по крайнему разумѣнію, силѣ и возможности, исполнять. Его Императорскаго Величества Государства и земель Его враговъ, тѣломъ и кровію, въ полѣ и крѣпостяхъ, водою и сухимъ путемъ, въ баталіяхъ, партіяхъ, осадахъ и штурмахъ и въ прочихъ воинскихъ случаяхъ храброе и сильное чинить сопротивленіе, и во всемъ стараться споспѣшествовать, что къ Его Императорскаго Величества вѣрной службѣ и пользѣ государственной во всѣхъ случаяхъ касаться можетъ. Объ ущербѣ Его Величества интереса, вредѣ и убыткѣ, какъ скоро о томъ увѣдаю, не токмо благовременно объявлять, но всякими мѣрами отвращать и не допущать потщуся и всякую ввѣренную мнѣ тайность крѣпко хранить буду, а предпоставленнымъ надо мною начальникамъ во всемъ, что къ пользѣ службы и Государства касаться будетъ, надлежащимъ образомъ чинить послушанье, и все по совѣсти своей исправлять, и для своей корысти, свойства, дружбы и вражды противъ службы и присяги не поступать; отъ команды и знамя, гдѣ принадлежу, хотя въ полѣ, обозѣ или гарнизонѣ, никогда не отлучаться; по за онымъ, пока живъ, слѣдовать буду, и во всемъ такъ себя вести и поступать, какъ

честному, вѣрному, послушному, храброму
и расторопному солдату надлежитъ. Въ чемъ,
да поможетъ мнѣ Господь Богъ Всемогущій.
Въ заключеніе же сей моей клятвы, цѣлую
слова и крестъ Спасителя моего. Аминь.

Въ бурю, во грозу
Соколъ по небу
Держитъ молодецкій путь.
Въ бурю, на Руси
Добрый молодецъ
Пѣсню Русскую ведетъ:

«Страха не страшусь,
Смерти не боюсь,
Лягу за Царя, за Русь!
Миръ въ землѣ сырой,
Честь въ семьѣ родной
Слава мнѣ въ Руси святой!..»

Русскій грудью и душою
Служитъ Богу и Царямъ,

Кротокъ въ мирѣ, а средь бою
Страшенъ, пагубенъ врагамъ.

За Царя, за честь и славу—
Всюду Русскіе пойдутъ,
И за Русскую державу
Съ радостью они умрутъ.

И у всѣхъ одно желанье:
Думаютъ лишь объ одномъ,
Всюду слышны восклицанья:
Торжествуй Романовъ Домъ!

Про боярина Евпатія Коловрат.

*На святой Руси былъ и была, только быльемъ давно
поросла.... Охъ—вы, зорюшки-зори, не одинъ годъ въ поднебесьѣ вы зажигаетесь, не въ первой въ синемъ морѣ купаетесь: посвѣтите съ поднебесья, красныя, на бывалые дни,
на ненастные!... Вы курганы, курганы сѣдые, насыпные
курганы, степные, вы надъ кѣмъ, подгорюнившись, стонете,
чьи вы бѣлыя кости хороните?... Разскажите, какъ русскую силу клала русская удаль въ могилу?...*

*Въ оно время Батый, царь неистовый, на Рязань поднялъ всю свою силу безбожную, и пошелъ прямо къ стольному городу; да на полѣ его вся дружина рязанская встрѣтила, а князь впереди: самъ великій князь, князь Давидъ,
и князь Глѣбъ, и князь Всеволодъ, и кровавую чашу съ
татарами роспили. Одолѣли-бы рязанскіе витязи, да не
въ мочь было: по сту татариновъ приходилось на каждую
руку могучую. Изрубить-изрубили они тьму несмѣтную,
наконецъ утомились—умаялись, и сложили удалыя головы,
всѣ, какъ бились, всѣ до единаго, а князь Юрій легъ вмѣстѣ
съ послѣдними, бороня свою землю и отчину, и семью, и
свой столъ и княженіе.*

*Какъ объѣхалъ потомъ царь Батый поле бранное, какъ
взглянулъ онъ на падаль татарскую,—преисполнился гнѣва
и ярости, и велѣлъ всѣ предѣлы рязанскіе жечь и грабить,
и рѣзать безъ милости всѣхъ,—отъ стараго даже до малаго, благо ихъ боронить было некому... И нахлынули
орды поганыя на Рязанскую землю изгономъ неслыханнымъ, взяли Пронскъ, Ижеславецъ и Бѣлгородъ, и людей
изрубили безъ жалости, и пошли на Рязань.... Сутокъ съ
четверо отбивались отъ нихъ горожане рязанскіе; а на
пятые сутки ордынцы проклятые сквозь проломы кремлевской стѣны, и сквозь полымя ворвались въ церковь соборную,—тамъ убили княгиню великую, со снохами ся и
съ княгинями прочими, перебили священниковъ, иноковъ,*

храмы Божіи, дворцы монастырскіе—всѣ пожгли; городъ предали пламени; погубили мечемъ все живущее,—и свершилось по слову Батыеву: ни младенца, ни старца въ живыхъ не осталося.... Плакать не кому было и не-покомъ.... Все богатство рязанское было разграблено... И свалило къ Коломнѣ ордынское полчище.

Отъ Коломны Ордынцы пошли прямо къ Суздалю; станъ разбили на Сити-рѣкѣ, ради отдыха и дѣлежа добычею русскою. Какъ позвалъ на совѣтъ къ себѣ Нездилу (Нездила былъ русскій измѣнникъ—а ужъ и въ конецъ отатарилгя). Нѣтъ отклика отъ прочихъ улусниковъ. Порѣшили: ждать князя великаго Суздальскаго. Положить всю дружину на мѣстъ, гдѣ сступятся, а потомъ и пойти къ Володимеру и другимъ городамъ—на разгромъ на неслыханный, на грабежъ и рѣзню безпощадную.

Ходѣнемъ пошло поле окрестное и сыръ-боръ зашатался вотъ-словно подъ бурею... Налетѣла-ль она, многокрылая, или сила иная на ставки татарскія, только ломятся ставки и валятся, только стонъ поднялся вдоль по стану ордынскому. Загремѣли мечи о шеломы каленые; затѣ щали и копья и бердыши: отъ броней и кольчугъ искры сыплются; полилася рѣкою кровь горячая... Варомъ такъ и варитъ всю орду нечестивую: рубятъ, колятъ и бьютъ—кто?— Невѣдомо. Тутъ ордынцы совсѣмъ обезпамятили. Точно пьяные, или безумные. Кто ничкомъ лежитъ—мертвымъ прикинулся, кто бѣжитъ вонъ изъ стана—коней ловятъ; а и кони по полю шарахнулись—ржутъ и носятся тоже въ безпамятствѣ. Тутъ все стадо реветъ—всполошилося; тамъ ордынки развылись волчихами; здѣсь костеръ развели, да не во-время: два намета сосѣднie вспыхнули. А нaѣзжая сила незримая бьетъ и рубитъ, и колитъ безъ устали,—слышно только, что русскіе витязи, а нельзя

*полонить ни единаго... Вопять батыри въ страхъ и
ужасъ:—«Мертвецы, мертвецы встали русскіе, встали
съ поля рязанцы убитые!» Самъ Батый убоялся... А Нездила ужъ у Хана въ шатрѣ, говоритъ: «только взять-бы
какого: развѣдаемъ — мертвецы, или люди живые напхали?»
Говоритъ онъ, а дрожь-то немалая самаго пронимаетъ,
затѣмъ что все близятся стонъ и вопли къ намету Батыеву, всѣ бѣгутъ въ перепугъ улусники, отъ невидимой
силы, невѣдомой... — «Повели, Ханъ, костры запалить
скоро-на-скоро и трубить громче въ трубы звончатыя,
чтобы всѣ твои батыри слышали, да пошли, поскорѣе за
шуриномъ Хоздоврудомъ»—Батыю совѣтуетъ Нездила.
Ханъ послушался: трубы призывныя грянули, и зарей за-
играло въ поднебесѣ зарево. Въ пору въ самую: близко отъ
ставки Батыевой пронеслася толпа русскихъ витязей, про-
гоняя татарву поганую и топча подъ копытами конскими;
да въ догонку ей стрѣлы,—что ливень, посыпались,—и
упали съ коней на земь пятеро. Подбѣжали ордынцы къ
нимъ, подняли къ Батыю свели. Ханъ ихъ спрашиваетъ:
«Вы какой земли, вѣры какой, что невѣдомо — почему мнѣ
великое зло причиняете»? И отвѣтъ ему держатъ рязанскіе витязи: — «Христіанской мы вѣры, дружинники
князя Юрья рязанскаго, полку Евпатія Коловрата; по-
чтить тебя посланы—проводить, какъ царю подобаетъ
великому». Удивился Батый ихъ отвѣту и мудрости, по-
слалъ на Евпатія шурина, и полки съ нимъ татарскіе
многіе. Хоздоврудъ похвалялся «Живьемъ возьму, за сѣдломъ приведу къ тебѣ русскаго витязя». А ему подгова-
ривалъ Нездила:*

*—«За сѣдломъ!... Приведешь его къ Хану у стремени.»
И поѣхали оба на встрѣчу Евпатію... А заря подима-
лась на небѣ. И сступились полки... у Евпатья всей дру-
жины-то было-ль двѣ тысячи,—вся послѣдняя сила рязанская,—а ордынцы шли черною тучею: не окинуть и взгля-
домъ, не то-чтобъ довѣдаться—сколько ихъ?... Впереди
Хоздоврудъ барсомъ носится. Молодецъ былъ и батыри*

коня необіоннѣе и вѣрнѣе копья у ордынцевъ и не было. И сступились полки... На Евпатія налетѣлъ Хоздоврулъ, только не въ пору: исполинъ былъ Евпатій отъ младости силою—и мечемъ раскроилъ Хоздоврула онъ на-полы до сѣдла, такъ-что всѣ и свои, и противники отшатнулись со страхомъ и трепетомъ... Рать ордынская дрогнула, тылъ дала, а всѣхъ прежде свернулъ-было Нездила, да коня подъ устцы ухватилъ Ополоница. Только глянулъ бояринъ Евпатій на Нездилу. Распалился душой моло-децкою и съ сѣдла его сорвалъ. А Нездила сталъ молить его слезнымъ моленіемъ: «Отпусти хоть мнѣ душу-то на покаяніе»! Отвѣчаетъ Евпатій:—«Невиненъ ты.—Мать сырая земля въ томъ виноватца, что носила такое чудо-вище: Пусть и пьетъ за то кровь твою гнусную... Ты попо-мни княгиню Евпраксію и колый старый песъ, непокаянно!»

Тутъ взмахнулъ надъ шеломомъ онъ Нездилу и разбилъ его о землю въ дребезги; самъ-же кинулся вслѣдъ за ордын-цами и погналъ ихъ до самой до ставки Батыевой. Огор-чился Батый и разиньвался, какъ узналъ, что Евпатій убилъ его шурина, и велѣлъ навести на Евпатія онъ по-роки, орудія тѣ стѣнобитныя... И убили тогда крѣпко-рукаго, дерзосердаго витязя; тѣло-же принесли передъ очи Батыевы. Изумился и Ханъ, и улусники красотѣ его, силѣ и крѣпости. И почтилъ Ханъ усопшаго витязя; отдалъ тѣло рязанскимъ дружинникамъ и самихъ отпустилъ ихъ, примолвивши: «Погребите, вы, батыря вашего—съ честію, по законамъ своимъ и обычаямъ, чтобъ и внуки могилѣ его поклонялися.

Изъ сказки «Конекъ-Горбунокъ».

Черезъ нѣсколько часовъ, двое бѣлыхъ осетровъ къ киту медленно подплыли, и смиренно говорили: «Царь великій! не гнѣвись! Мы все море ужъ, кажись, ваша милость, обы-скали, а все перстня не видали. Только ершъ одинъ изъ насъ могъ исполнить твой приказъ: онъ по всѣмъ морямъ гуляетъ, такъ ужъ вѣрно перстень знаетъ; но его какъ-бы на зло, ужъ куда-то унесло.»

«Отыскать его въ минуту, и послать въ мою каюту!» — китъ во гнѣвѣ закричалъ и усами забачалъ.

Осетры тутъ поклонились, въ земскій судъ потомъ пустились, и велѣли въ тотъ-же часъ отъ кита писать указъ, чтобъ гонцовъ скорѣй послали и ерша скорѣй поймали. Лещъ, услыша сей приказъ, именной писалъ указъ; сомъ (исправникомъ онъ звался) подъ указомъ подписался; черный ракъ указъ сложилъ и печати приложилъ; двухъ дельфиновъ тутъ призвали и, отдавъ указъ, сказали, чтобъ отъ имени царя всё объѣхали моря, и того ерша гуляку, крикуна и забіаку, гдѣ-бы ни было нашли, къ государю привели. Тутъ дельфины поклонились и ерша искать пустились.

Ищутъ часъ они въ моряхъ, ищутъ часъ они въ рѣкахъ, всѣ озера исходили, всѣ проливы переплыли, — не могли ерша сыскать, и вернулися назадъ, чуть не плача отъ печали. Вдругъ дельфины услыхали недалеко на прудѣ крикъ неслыханный въ водѣ.... Въ прудъ дельфины завернули и на дно его нырнули, — глядь: въ прудѣ подъ камышомъ ёршъ дерется съ карасемъ! «Смирно! черти-бъ васъ побрали! вишь, содомъ какой подняли, словно важные бойцы!» — закричали имъ гонцы. — «Ну, а вамъ какое дѣло! — ёршъ кричитъ дельфинамъ смѣло: я шутить, вѣдь, не люблю, разомъ всѣхъ переколю.» — «Охъ, ты, вѣчная гулька и крикунъ и забіака, все-бы, дрянь, тебѣ гулять, все-бы драться, да кричать, дома, нѣтъ, вѣдь, не сидится.... Ну, да что съ тобой рядиться? Вотъ тебѣ царевъ указъ, чтобъ ты плылъ къ нему тотчасъ.» Тутъ проказника дельфины подхватили за щетины и отправились назадъ. Ершъ ну рваться и кричать: «Будьте милостивы, братцы, дайте чуточку подраться. Распроклятой тотъ карась поносилъ меня вчарась, при честномъ при всемъ собраньѣ, басурманской разной бранью».... Долго ершъ еще кричалъ, наконецъ и замолчалъ; а проказника дельфины все тащили за щетины, ничего не говоря, и явились предъ царя.

«Что ты долго не являлся? гдѣ ты, вражій сынъ, шатался!» —
китъ со гнѣвомъ закричалъ. На колѣна ершъ упалъ и, при-
знавшись въ преступленьѣ, опъ испрашивалъ прощеньл.
«Ну, ужъ Богъ тебя проститъ, китъ державный говоритъ: но
за это преступленье ты исполни повелѣнье». — «Все исполню,
славный китъ!» на колѣняхъ ершъ пищитъ. — «Ты по всѣмъ
морямъ гуляешь, такъ ужъ вѣрно перстень знаешь Царь-
дѣвицы?..» — «Какъ не знать? — можемъ разомъ отыскать.» —
«Такъ ступай-же поскорѣе, да неси его живѣе.» Тутъ, отдавъ
царю поклонъ, ёршъ пошелъ оттуда вопъ: съ полминуты
порѣзвился, въ черный омутъ опустился и, разрывъ на днѣ
песокъ, вырылъ красный сундучекъ — пудъ, по крайней мѣрѣ,
во сто. «Здѣсь, братъ, дѣло-то не просто!» и давай изъ всѣхъ
морей ершъ скликать сельдей.

Сельди разомъ собралися, сундучекъ тащить взялися,
только слышно и всего, что у-у! да о-о-о! Но сколь сильно
ни кричали, сундучка все не подняли. Ершъ, не тратя много
словъ, кликнулъ десять осетровъ.

Вотъ десятокъ приплываетъ и безъ крика поднимаетъ
крѣпко ввязпувшій въ песокъ, съ перстнемъ красный сунду-
чёкъ. — «Ну, ребятушки, смотрите, вы къ царю теперь плы-
вите; я пойду теперь ко дну, да немножко отдохну: что-то
сонъ одолѣваетъ, такъ глаза вотъ и смыкаетъ».… Осетры къ
царю плывутъ, ёршъ-гуляка — прямо въ прудъ, изъ котораго
дельфины утащили за щетины, чай додраться съ карасемъ,
я не вѣдаю о томъ. Но теперь мы съ нимъ простимся.…

ВЪ КНИЖНОМЪ МАГАЗИНѢ
ТОВАРИЩЕСТВА «ОБЩЕСТВЕННАЯ ПОЛЬЗА»
ВЪ САНКТПЕТЕРБУРГѢ,
по миллiонной улицѣ, домъ № 6,
ПРОДАЮТСЯ:

Солдатская азбука съ рисунками въ текстѣ и транспарантомъ для письма Сост. Н. Столпянскимъ Ц. 7 к. за экз Вѣсов. за 10 экз. за 2 ф.

Народная азбука, съ рисунками въ текстѣ, по которой простой грамотнай крестьянинъ можетъ выучить писать и читать въ срокъ отъ четырехъ до шести недѣль. Изданіе 9-е. Состав. Н. П. Столпянскимъ. Цѣна 6 к При азбукѣ листъ разрѣз букъ. Ц. 1 к. *Вѣсов за 10 экз. за 2 ф.*

Таблицы къ «Солдатской азбукѣ» и «Народной Азбукѣ». Одинъ экземплярь на классъ. *При требованiи вмѣстѣ съ азбукою вѣсовыхъ не прилагается.* Цѣна 5 коп. экз. изъ 2 листовъ.

Руководство для учителей къ одновременному обученiю письму и чтенiю по (Народной и Солдатской) «Азбукѣ», состав. Н. П. Столпянскимъ *Вѣсов. за 5 экз. за 2 ф.* Ц. 25 к. за экз.

Народное самообученiе О Родной рѣчи Книга эта назначена для упражненiя въ чтенiи Учитель, при помощи книги о *Родной Рѣчи,* безъ всякаго заучиванiя со стороны читающихъ, самымъ легкимъ путемъ можетъ довести ихъ до правильнаго грамматическаго изложенiя своихъ мыслей Состав. Н. П. Столпянскимъ. *В. за 5 эк. за 2 ф.* Цѣна 25 к. за экз

Прописи и школа рисованiя: Изданіе 3-е. Состав. Н. П Столпянскимъ. Цѣна 10 к. *Вѣсов за 5 экз. за 3 ф.*

Учебная книга для чтенiя въ сельскихъ школахъ (140 стр.). Состав Н. П. Столпянскимъ. Цѣна 20 коп. *Вѣсов. за 5 экз. за 2 ф.*

Книга для начальнаго чтенiя въ войскахъ. Состав. Н. П. Столпянскимъ и Абазою. Цѣна 30 к. за экз. Вѣсов. за 5 экз 2 ф.

Классное пособiе въ 5-ти стѣнныхъ таблицахъ къ «Руководству для сельскихъ учительницъ и учителей, Н. Столпянскаго. Составленныя Столпянскимъ. Содержанiе таблицъ: 1) *Для начальнаго нагляднаго обученiя счету.* Здѣсь представлены линейныя мѣры и мѣры жидкихъ и сыпучихъ тѣлъ.—Мѣры для измѣренiя угловъ.—Монеты.— Вѣсы.—Инструменты для измѣренiя земли и атмосферы—Счеты и предметы для нагляднаго представленiя чиселъ 2) *Для 55 предметныхъ бесѣдъ.* На таблицѣ показаны животныя и насѣкомыя, вредныя для человѣка, домашнихъ животныхъ и огородныхъ овощей, съ показанiемъ плодовъ и овощей. 3) *Начальныя гимнастическiя движенiя и школа черченiя* состоитъ изъ 13 образцовъ гимнастическихъ движенiй, 38 рисунковъ черченiя, рисунокъ образцоваго стола и стула для школы, дома и фасада сельской школы и часовни. 4) *Для предметныхъ бесѣдъ о* домашнихъ и дикихъ животныхъ, окружающихъ человѣка, какъ-то домашняя птица и скотъ и лѣсные звѣри. Тутъ же помѣщены отдѣльныя части и планы фигуры человѣка, какъ образцы для рисованiя, и 5) *Классное пособiе къ учебной книгѣ для чтенiя въ школѣ.* Здѣсь помѣщена карта Европейской Россiи съ раздѣленiемъ на губернiи, съ показанiемъ ж. дорогъ и рѣкъ, породъ крупнаго рогатаго скота и лошадей, и 17 рисунк для повторительныхъ разсказовъ Цѣна за экзем. изъ *пяти* таблицъ 1 р, вѣс. 3 фунта.

Руководство для сельскихъ учителей и учительницъ. Н. Столпянскаго Состоитъ изъ образцовыхъ уроковъ на каждый классный день, съ показаніемъ лучшихъ учебниковъ, пріемовъ обученія, распредѣленія занятій и дѣтскихъ игръ въ свободное время. Содержаніе: Обзоръ руководствъ и руководителей по школьному дѣлу. Историческое развитіе школьнаго дѣла, 42 учебныхъ дня послѣдовательныхъ занятій въ школѣ. Цѣна 1 р., съ пер. 1 р 25 коп.

Полезныя животныя, какъ друзья сельскаго хозяйства. Съ рисунками. Состав. Н. П. Столпянскимъ. Цѣна 10 к., вѣсов. за 10 экз. 2 ф.

Какъ безъ обмана купить лошадь и выростить дома добраго коня. Съ рисунками. Состав. Н. П. Столпянскимъ. Цѣна 10 к. Вѣсов. за 10 экз. 2 ф.

Чтеніе для народа. Восемь разсказовъ съ рисунками. Состав. Н. П. Столпянскимъ. Цѣна 12 к Вѣсов. за 10 экз. 2 ф.

Книжка для чтенія. Три разсказа съ рисунками. Состав. Н. П. Столпянскимъ. Цѣна 10 к. Вѣсов. за 10 экз. 2 ф.

Корова и ея строеніе. Съ рисунками. Изданіе второе. Состав. Н. П. Столпянскимъ. Цѣна 15 к. Вѣсов. за 10 экз. 2 ф.

Сѣмя и его ростокъ Съ рисунками. Изданіе второе. Состав. Н. П. Столпянскимъ. Цѣна 15 к. Вѣсов. за 10 экз 2 ф.

Теленокъ, его зачатіе и развитіе. Съ рисунками. Изданіе второе. Состав. Н. П. Столпянскимъ. Цѣна . Вѣсов. за 10 экз. 2 ф.

Лечебникъ домашняго дойнаго скота. Съ рисунками. Изданіе второе. Состав. Н. П. Столпянскимъ. Цѣна 20 к. Вѣсов. за 10 экз. 2 ф.

Книжка для чтенія. Пять разсказовъ. Съ рисунками. Изданіе второе. Состав. Н. П. Столпянскимъ. Цѣна 15 к. Вѣсов. за 10 экз. 2 ф.

Учебникъ пѣнія по цифирной нотаціи. Состав. А. И. Рожновымъ. Цѣна 20 к., вѣсов. за 10 экз. 2 ф.

Собраніе молитвъ, аранжированныхъ на два дѣтскихъ голоса по цифирной нотаціи. Состав. А. И. Рожновымъ. Цѣна 30 к. Вѣсов. за 10 экз. 2 ф.

10 классныхъ таблицъ цифирной нотаціи. Приложеніе къ учебнику пѣнія. Состав. А. И. Рожновымъ. Цѣна 1 р. 50 к. за экз. на бумагѣ. Вѣсов. за 1 экз 3 ф. За тѣ же таблицы, напечат. на полотнѣ, цѣна 7 р. 50 к. Вѣсов. за 1 экз 10 ф.

Еженедѣльный педагогическій журналъ «**ШКОЛЬНАЯ ЖИЗНЬ**», издаваемый и редактируемый Н. П. Столпянскимъ, выходитъ съ 1-го сентября 1872, въ продолженіе учебнаго года, по 15 іюня, всего 42 нумера въ годъ. Подписная цѣна въ годъ **4 руб.** съ пересылкою, **3 р.** безъ пересылки; на полгода **2 р. 50 к.** съ пересылкою и **2 р.** безъ пересылки. Адресъ Редакціи: С.-Петербургъ. По Фонтанкѣ, домъ № 88, кв. № 24.

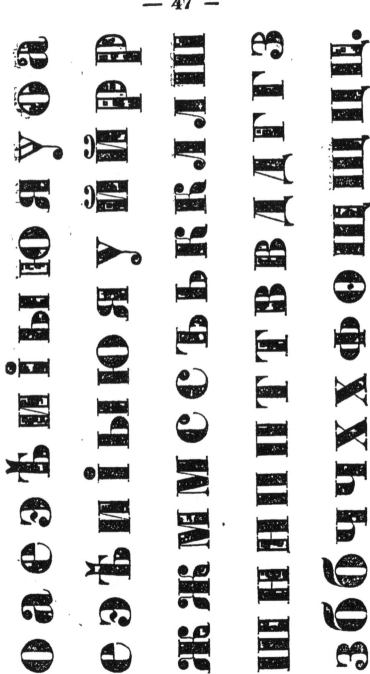

Этотъ послѣдній листикъ съ буквами нужно отрѣзать отъ азбуки по ленточку и, наклеивъ на толстую бумагу, отрѣзывать буквы по порядку и заставлять учащихся складывать изъ нихъ слова, послѣ письма, какъ указано въ руковод-ствѣ 4-го изданія 1872 года.

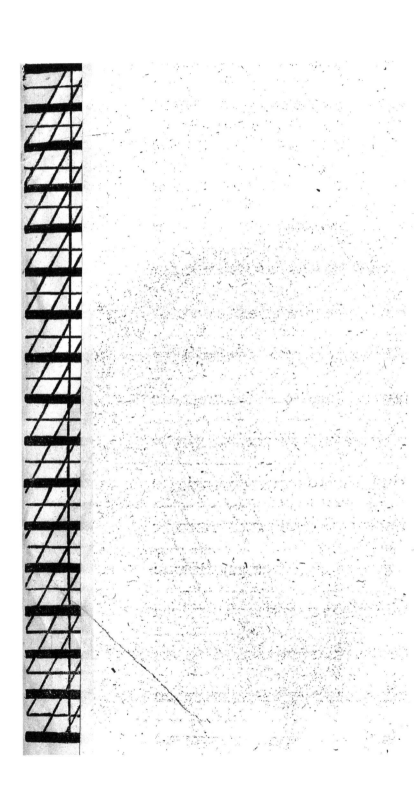

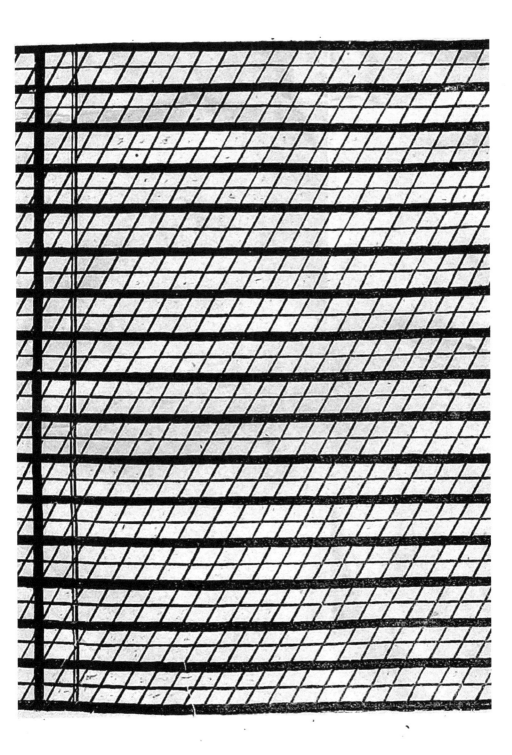

Lightning Source UK Ltd.
Milton Keynes UK
UKHW02f0521220118
316600UK00004B/254/P